# 골프는 멘탈이다

### 이케우치 세이이치

# 공격적 골프

# 골프는 멘탈이다

공격적 골프

# CONTENTS

특별레슨 현명하게 공략하는
**아이언 사용법**

적극적으로 공략하여 유리한 지점에 공을 가져다 둘 필요가 있죠.

좋은 스코어를 내기 위해선 지키기만 할 것이 아니라,

골프는 공격적으로 운영해야 할 때도 있습니다.

허나

그렇게 되면 유리하다거나.

스푼을 써서 그린 가까이로 보내고 싶다.

예를 들어 파5홀의 세컨드 샷에서 비거리가 조금이라도 더 필요할 때,

그 전에 '공격적'이란 무엇인가를 알아봅시다.

아이언 6번부터 5번 정도면 도달하니까

혹은─ 핀까지 150야드지만,

이것 또한 적극적인 공격적 자세라고 할 수 있지요.

제대로 쳐서 어디든 괜찮으니 그린에 올리고 싶다.

절대 조건 입니다!

이것이 공격적으로 하기 위한

그 자리가 경사지가 아닌 곳에 공이 떨어져서 이 정도면 제대로 칠 수 있겠다는 판단이 들었을 때입니다.

아니면 러프에 들어가더라도

라고는 해도 칸다 (HDCP 15) 의 경우 페어웨이에 두는 것이 무난하다.

마음껏 휘둘러 주세요!

과감한 샷을 칠 수 있죠.

라이가 좋으면 샷을 칠 때 자신감이 솟아납니다.

상황도 멘털도 플레이어의 편이니까,

이걸 판단할 수 있는 능력이 무엇보다 중요합니다.

하지만 문제가 되는 부분은 이 라이에서 본인이 칠 수 있느냐 없느냐에 대한 판단입니다.

누구에게나 욕심과 자만은 있는 법이니까요.

하지만 꽤 어렵긴 하죠.

스스로의 실력을 솔직하고 냉정하게 바라보고 파악하는 능력이죠.

'아 이건 못 치겠는데?' 라는 생각이 들면 바로 공격적인 운영을 거두는 것이 좋았습니다.

제 경험에 의하면 공을 딱 봤을 때

자신의 심리와 공의 상태를 파악한다.

이것이 가능하면 실력이 있는 겁니다.

치기 편한 클럽으로 정한다.

여긴 공격적인 기분이 들지만 용기를 내어 그만둡니다.

조금 전 말한 대로 욕심과 자만에 지곤 하죠.

하지만 '칠 수 있을지도 모르겠다'라며 마음을 고쳐먹고 공격적인 운영을 취해서

다음 샷은 비극적인 결과일 게 눈에 선하게 보이거든요.

왜냐면 이미 그 순간 냉정함을 잃은 상태기 때문에

앗!

바꿔 말하면 티 샷과 퍼팅을 제외하고 좋은 라이에서 치는 비율은 어느 정도인가—

이 공격의 비율은 전체 샷의 몇 퍼센트를 차지할까.

대략 4할 정도겠네요.

아마도 전체 샷 중 40 퍼센트,

여기서 스코어 90 정도인 사람은 어떨지 생각해봅시다.

능숙한 사람일수록 좋은 라이에서 치게 되지요.

물론 실력에 따라 그 숫자는 바뀝니다.

골프는 기본적으로 지키는 게임으로 공격을 할 찬스는 극히 드물다는 것을 염두에 두어야 합니다.

여기서 서두에서 말한 이야기를 떠올려주셨으면 합니다.

한 홀에 2타도 좋은 라이에서 나오는 경우도 있습니다.

한 홀에 아예 없을 경우도 있고,

6할의 샷은 수비에 쓰지 않으면 안 되겠지요.

그렇다고 하면 4할의 샷으로 공격을 하고—

오늘이 인생 마지막의 골프라 생각하고 플레이 해.

이나가키 씨 HDCP 8

칸다 마사시 HDCP 18

그 때 골프를 치면 칸다 네게도 중요한 무언가가 보이게 되겠지.

이 세상에서 치는 최후의 골프—

그리고 그 땅에서 죽을지도 모른다고 생각하면 어떻게 할까.

예를 들어 일 때문에 골프장이 없는 나라로 발령을 받아서 가야만 한다—

두 번 다시 골프를 칠 수 없다면…

인생 최후의 골프…

감사합니다!

잘 쳤어요!

감사합니다!

나이스 샷!

핀까지 120야드 정도….

부우우웅─

칸다, 오늘 즐거워 보이네.

즐겨야지!

응, 오늘은 마지막 골프니까.

프리 샷 루틴을 지켜서.

목표를 확인하고,

8번 아이언이면 되겠어.

약간 위쪽으로 부는 바람이네.

기합 넣고 가자!

그리고, 어드 레스.

스윙의 이미지를 만든다.

공 앞에서 연습 스윙을 하면서

아….

파 악

후회하고 있을 시간이 없어.

뭐 어때. 오늘은 마지막 골프니까.

크윽~ 그렇게 준비를 했는데…!

땅 팠네!

전혀 뒤를 돌아보지 않아.

칸다 녀석, 오늘따라 적극적 이네.

다음 샷으로 핀에 보내면 돼.

중요한 건 다음 샷 이야.

그 감촉을 잊지 않기 위해서도—.

나이스 샷을 쳤을 땐 그 좋은 기분과 함께 여운에 젖어도 괜찮아.

파삭

아~!!

딱악

크으윽~!! 오늘 드라이버 상태가 왜 이래!!

티익

모처럼 골프를 치는 날인데.

뭘 저렇게 화를 내는 거지.

미스 샷도 골프의 재미 중 하나니까!

뭐, 어쩔 수 없지.

심각한 샷이구먼!

아~! 공에 스쳤어!

틱

3온이면 돼.

다행히 여긴 파5홀이야.

아 툭 딱 파삭

아 씨~!!! 또!!

딱 파삭

노자키 씨 아냐? 무슨 일이지?

제기랄~!!

18

처음부터 옆으로 내어 갔으면 한 타 정도만 손해보고 끝났을 텐데!

바보같은 짓을 했어!

크으윽~! 핀 방향에 있는 나무 사이를 가로지르려 했는데…

앞으로 일어날 일은 스스로 바꿔나갈 수 있지.

이미 일어난 일은 바꿀 수 없지만—

서드 샷은 낭떠러지를 건너야 돼?!

에엥~?! 낭떠러지라고?

못 갈 거리도 아냐.

핀을 노리고 힘껏 친다면

그럼 5번 아이언으로….

160 야드가 넘잖아….

그럼 8번 아이언으로 치면 실패할 확률이 적어.

그런데 왼쪽으로 돌아간다고 치면 120~130야드 정도.

앞으로 일어날 일은 스스로 바꿔나갈 수 있지!

이미 일어난 일은 바꿀 수 없지만

실패를 각오하고 마음껏 공략할까?

오늘이 최후의 골프라고 한다면 어떻게 해야 할까…

두 번 다시 플레이 하지 못한다면….

이 세상에서 치는 마지막 골프….

후회하지 않도록!

이 라운딩을 소중하게,

안전하게 치자!

안전하고 확실하게!

이 정도면 괜찮아!

겁쟁이 녀석!

타악

일부러 돌아 가다니.

플루크 같은 게 아니라 실력으로 라운딩 하고 싶어!

최후의 골프니까!

실패할 확률이 7할!

내 실력으로 5번으로 쳐서 그린에 올리는 건 열 번에 세 번 정도 될까 말까야.

진심으로 만족할 수 없어!

설령 그린에 오르더라도 그건 플루크지.

'어떻게 칠까'가
아니라
'어떤 생각으로
칠까'지.

골프에서
중요한 것은
"결과"가
아니라
그 "과정"
이야.

가라
아아
~!!

살짝
씹혔는데
~!!

따
악

결과가
어땠는지가
아니라
어떤
생각으로
칠 것인지
라고요.

골프에서
중요한
것은

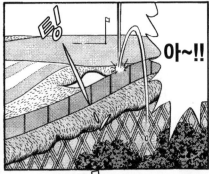

팅!

아~!!

와~악

이걸로
이 홀은
10 확정
이잖아!!

OB냐
~!!

22

운 나쁘게 넘어서 굴러가더라도 그물에 걸려 멈출 거야.

그물이 있어…

절대 짧으면 안 돼!

여기선 용기를 조금 내서 마음껏 치자!

그린 뒤편은 낭떠러지지만…

핀까지 40야드.

따악

PW

확실하게 치자!

마치 오늘 인생 마지막 골프를 치는 사람 같아.

칸다 녀석 오늘 집중력이 장난 아닌데?

공을 떨어뜨릴 곳은 프린지에서 5m!

24

무난하게, 깊이 생각하지 말고.

아니지, 너무 긴장하지 말자.

간단하게 넣을 수 있는 퍼팅은 아냐.

오른쪽으로 꽤 기울어진 라인이야.

너무 깊이 생각하지 말고.

무난하게…

예? 벌써요…?

칸다, 네 차례야.

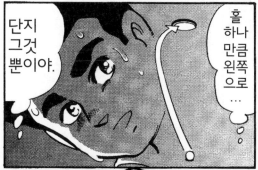

단지 그것뿐이야.

홀 하나 만큼 왼쪽으로…

라인은 알고 있어.

홀 하나 만큼 왼쪽으로…

살살, 세지않게.

좋았어!!

딸그

랑

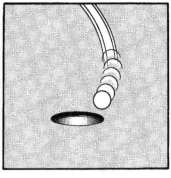

쳇!

칸다, 좋은 파였어!

나이스 파!

후우

감사합다, 감사합다!

100라고 젠장...

어떤 식으로 플레이를 했는가가 중요해.

골프는 어떤 샷을 쳤는가가 아니라,

이런 거군요, 이나가키 씨!

아니, 만약 파가 아니라 보기를 했어도 납득을 할 수 있는 보기였겠지.

드라이버 미스를 했는데도 파를 했어.

그랬더니 두 가지가 떠올랐다.

이렇게 칸다는 오늘 인생 최후의 골프라고 가정하여 플레이를 했다.

그린은 포기하고 왼쪽으로 돌아야겠구먼.

크으윽~!! 오른쪽은 무리겠네.

그리고 '플레이를 즐기자' 라는 것이었다.

그것은 '감사하다' 라는 것—

으엑~!

그새 욕심이 나서 아슬아슬하게 쳤더니!

조금 더 왼쪽으로 칠 걸 그랬네!

아~!!

틱!

아깝네!

나무를 피할 생각 이었으면 확실히 피했었어야지….

기껏해야 고작 30야드 정도 더 갈 뿐인데….

욕심을 부린다고 온 그린을 할 수 있는 건 아니야.

먼저 쓴 녀석이 제대로 정리를 안 해놨잖아!

아~!! 라이가 안 좋아!!

그리고 사소한 일에 화를 내지 않게 됐다.

나갈 수 있겠냐~!!

좌악

제 **2** 화
# 배리어

칸다가
봤을 때,
와다 씨는
그렇게
잘 치는 것
같진 않았다.

따악

아이언 샷도 뭐
잘 친다고
할 수 없지.

드라이버 샷은
나보다
10야드 정도
덜 나가고,

퍼팅도
그렇게
썩…

내가
90전후에
와다 씨는
95정도
친단 식이지.

예를 들어
우리 네 명이
즐겁게
플레이를
한다고
했을 때,

농담도
잘 하고,
미소가
끊이지
않아.

이 사람은
진심으로
골프를
좋아한
다니까.

와다 씨는
진짜 즐겁게
플레이를 해.

시합을 할 때,
이 사람의 골프는
확 바뀌지.

그런데
—

……

예를 들어
사내 시합
같은 게
열렸을 때,

샷은 평소랑
큰 차이가
없긴 한데….

와다 씨는
말수가
급격하게
적어지지.

백 년이 지나도 못 고칠 거야.

하하하

내 슬라이스는 불치병이라니까.

어딘가 같이 놀 때랑은 달라…

부르르릉.

친 뒤에는 언제나처럼 농담을 하지만.

아마도 슬라이스를 친 만큼 저보다 덜 나간 거 아닐까요?

죄송하지만 또 제가 멀리 나갔네요.

본인이 홀 앞에 서면—

와다, 이 코스에서 쳐 본 적이 있다며?

...

...

따악

따악

그린 근처까지 갔어!

그런데 …

아~!! 탑핑 이다!!

욕심이 참 없는 녀석이 라니까.

보기가 아니라 파를 할 수도 있는 거 아냐?

좋아!

이러면 보기는 가능하겠 는데!

아까와 같아. 공을 앞에 두면 이 사람은 자신만의 세계에 빠져서…

또 고민 중이야 …

개인적으로 즐기는 라운딩을 할 땐 이러지 않았는데….

고지식 해~!

으엑~! 와다~ 퍼터 쓰는 거야?

타인의 목소리도, 타인의 움직임도 받아들이지 않아….

마치 자기 주변에 배리어라도 친 사람처럼,

약해!!

아~! 잔디에 말렸어!!

딱

거기서부터 퍼터를 쓰는 건 무리라고!

당연 하지!

그린에 오르면 더욱 더 말수가 적어지지.

....

그리고 이 사람은,

먼저 실례.

그렇다고 평소보다 잘 치냐고 하면 그것도 아니긴 한데.

또 그 배리어를 쳤군.

자신의 퍼팅이 끝나기 전까지 불필요한 말은 하지 않아.

의외로 여기에서 애를 먹었어.

내가 92일 때 88로 끝내는 식으로….

이래서 이 사람은 시합할 때 나보다 3~5타 정도 앞서가.

하하하,
아니
그럴 생각은
없었는데.

시합을
할 때랑
놀 때랑
다른 거에요?

배리어?

엄청나게
집중해서
하게 되지.

뭐…
시합을 할 때는
아무래도 좋은 성적을
내고 싶으니까,

여러 가지
경우의 수를
생각해서
한 타 한 타
치는 거야.

평소보다
더
고민해.

그 말은?

드라이버 샷은 페어웨이를 노리고.

물론 티박스에서는 파를 목표로 하지만.

난 그렇게 실력이 좋진 않은 핸디캡 16 정도인 사람이니까.

무슨 고민을 하는데요?

| YARD | PAR |
|------|-----|
| 362 | 4 |
| 401 | 4 |
| 175 | 3 |
| 515 | 5 |

내 실력을 생각해서, 어떻게 하면 좋은 스코어를 낼 수 있을까 고민하지.

그 드라이버 샷의 결과를 보고 파를 노릴까 보기를 노릴까 생각하지.

페어웨이로 가는 건 열 번에 세 번 정도려나.

뭐 근데 보통 거의 실패 하지만.

아무리 못해도 보기로 마무리하고 싶으니까.

이 고민의 기본은 '절대 더블 보기는 치고 싶지 않다'는 거야.

더블 보기나 트리플 보기는 무식하게 공략을 했을 때 나오지.

동시에 어떨 때 더블 보기가 나올지 생각해 보는 거야.

파3홀인 경우엔 2온.

즉, 파4홀일 때 3온을 하면 보기로 끝나지.

그런 것들만을 생각하면서 골프를 치고 있어.

다르게 표현하자면, 이 샷을 어떻게 치면 유리할까—

그린 근처에서 뒷땅을 치거나 탑핑을 해서 온 그린을 못 할 때도 있어.

물론 있지.

쓰리퍼트를 할 때도 있고요.

그래도— 3온을 해도 퍼팅 두 번 만에 끝난다고 장담은 못 하잖아요?

46

결과는 어쩔 수 없는 거야.

더군다나 난 매 시합마다 더블 보기가 몇 개나 나오지.

타이거 우즈도 더블 보기는 치는걸.

그건 어쩔 수 없는 거야.

그러면 더블 보기는 하나나 둘 정도 줄거든.

단, 그런 결과가 나오지 않도록 하기 위해 어떻게 공략을 할 것인가를 생각하는 거지.

타인의 퍼팅을 보면서 그린의 속도나 라인을 읽고, 어떻게 칠 것인가를 생각하니까.

온 그린을 했을 때도 입을 놀릴 틈이 없어.

수많은 고민을 하며 골프를 치고 있다는 거군요.

과연.

그래도 고민해서 치면 얼빠진 한 타를 줄 일 수 있지.

골프는 고민할 것이 많으니까.

응.

그린이 보여!

또 이 사람 주변에 배리어가 쳐졌어.

붕

붕

따악

진작에 어떤 클럽으로 어떻게 칠 것인지 정했겠지.

이 사람 이니까

머릿속에서 엄청난 계산은 끝났고 이제 그걸 확인하는 단계겠지.

코앞 에서?!

아얏, 또다시 빗맞았어!

샷이라면 내가 한 수 위야.

아무리 해도… 딱하고 맞질 않네.

엄청난 온 그린이야!!

아얏!!

부 우 우 웅

이 사람은…
제대로 맞지 않은
상황조차 계산하지
않았을까…?

핀 안쪽이나
핀 옆으로부턴
쓰리퍼트의
위험이
너무 커…

이래서야…
온 그린을
했다곤
하지만

스코어를
만드는
능력은
이 사람이
위야…

…치는
방식은
내가
위지만…

사전에
짧은 클럽을
쓴 게 아닐까.

아니
아무리 제대로
맞았다고 해도
절대 핀을 넘어
가지 않게끔

그는 이렇게
답했습니다.
'바로 다음
샷이다.'

어떤 사람이
벤 호건에게
물었습니다,
'골프에서
가장 중요한 샷은
어떤 것일까요?'

# 제**3**화
# 베테랑과의 차이

칸다는 오랜만에 싱글 플레이어와 라운딩을 했다.

얼만큼 보내시는 거에요?

코바야시 씨는 잘 치네요.

페어웨이를 거의 벗어나지 않아요.

240야드 정도요. 캐리 230에 런 10정도?

나이스 온!

저랑은 몸 쓰는 방식이 다르네요.

스윙이 확실하달까

운동신경이 타고 났어.

아니 아니, 재능이야.

돈이랑 시간만 있으면 누구든 싱글은 찍을 걸?

흥, 일 년 내내 골프만 치는 거 아냐?

딱

빨
그
랑

나이스
퍼팅!

들어
갔다!!

에이
아닙니다,
지금 건
운이
좋았어요.

그것도
그렇게
휘어져 있는
퍼팅을…

5m 정도 되는
거리였는데
그게 쏙
들어가네요.

노린다고 들어갈 게 아니니까요.

그렇죠.

순전히 운이지.

당연하지, 5m 나 되는 거리의 퍼팅이 그렇게 들어갈 리가.

뭐, 그렇지.

싱글 플레이어는 분명 저희보다 긴 퍼팅을 넣을 확률이 높다는 이야기였어요.

아뇨, 제가 말한 건 확률의 문제라

한마디로 말하자면 '기본에 대한 인식'의 차이라고 할 수 있겠네요.

저희처럼 90전후에서 왔다 갔다 하는 사람들이랑 70대에 있는 분이랑은 어떤 차이가 있을까요?

베테랑은 그 기본에 대한 인식에 깊이가 있어요.

공략하는 방식에도 스윙에도ㅡ.

골프엔 기본이란 것이 있죠.

기본 인식의 차이요?

하지만 싱글 플레이어는 더블 보기까지 하는 건 원치 않죠.

누구든 미스는 반드시 합니다. 그 경우에 보기를 하는 건 어쩔 수 없죠.

기본 인식의 깊이가 있다….

잘만하면 파까지도 노릴 수 있다.

나무 사이를 질러가면 그린 근처까지 보낼 수 있다.

하지만 더블 보기가 나오면 바로 10오버 이상이 되니까요.

보기는 몇 번 나와도 대수롭지 않다.

예를 들어 저기 우메자와 씨처럼 티 샷이 숲에 들어갔다고 칩시다.

더블 보기 만큼은 절대 안 됩니다.

혹여나 미스 샷을 쳐서 나무에 맞히기라도 하는 날엔 더블 보기 이상의 결과가 나오니까요.

잘만하면… 그런 생각으론 안 된다는 거죠.

하지만 우리 같은 싱글 플레이어는 그렇게 생각하지 않아요.

우선 확실하게 숲을 빠져 나와 3온을 노리는 거죠.

그러니까 티 샷을 잘못 친 시점에서 보기를 확보하겠다는 마음으로 공략합니다.

프로는 언더파를 하지 않으면 승부를 낼 수도 없으니까요. 저희는 오버파죠.

프로의 골프와 저희의 골프를 같은 선상에 둬선 안 돼요.

타이거 우즈 같은 사람은 숲 속에서 버디를 했고요!

하지만 프로는 숲 속에서도 멋지게 쳐서 파를 하지 않나요?

그걸 흉내내면 저렇게 되고요.

아~~!!

빼

따악

자신의 실력을 파악하지 못 한다면 공격적인 운영을 할 수가 없어요.

이게 스코어 메이크의 기본입니다.

싱글 플레이어는 그것을 좀 더 엄격하게 인식하고 있어요.

자신의 실력을 정확하게 파악한다.

반대로 말하면 기본을 지킨다는 건 그만큼 어렵다는 뜻이기도 하고요.

스윙의 기본을 지키지 않으니까 맞지 않는 것이죠.

스윙에도 기본이 있어요.

기본… 이군요.

가만히 있는 공이 어째서 맞지 않느냐며 신기하단 식으로 이야기 하지만…

골프를 처음 시작한 사람이

레슨북에 지겨울 정도로 쓰여 있으니까요.

기본이란 골프를 해 본 사람이면 누구나 다 아는 사실 이죠.

스윙의 기본—.

칠 때마다 너무 가까워지거나 멀어지거나 하죠.

하지만 그게 생각보다 어려워서

정지한 공을 치려면 이 거리를 늘 같은 위치로 잡는 것이 기본 중의 기본이죠.

이를테면 공과 자신의 거리의 경우,

스윙이 미묘하게 달라지게 되죠.

1cm 정도 멀거나 가까울 경우,

어떻게 하면 매번 같은 샷을 칠 수 있을까.

신체와 공의 거리가 매번 달라지는데

베테랑은 기본에 대한 인식의 깊이가 있다는 것이 그런 뜻이었군요.

아아.

초심자는 그걸 소홀히 하죠.

그러니까 베테랑은 세심하게 주의를 기울여서 공과의 거리를 재는 겁니다.

로라 선수는 우선 공의 코 앞에서 자세를 잡아요.

로라 데이비스 선수의 아이언 샷을 보고 경악을 금치 못했습니다.

제가 전에 여성 토너먼트 대회를 보러 갔을 때,

그리고 헤드를 앞으로 10cm 정도 움직인 뒤

늘 자신의 헤드 위치를 잡아두는 것이죠.

공을 치기 전에

그걸 세 번 정도 연속으로 해서 공 위치를 잡게 되죠.

같은 방식으로 자신만의 자세를 잡아 공 쪽으로 다가가죠.

발의 위치를 10cm 내밀어요.

신체와 공의 거리를 착각할 가능성이 높으니까요.

갑자기 공 앞에서 자세를 잡으면

세 번으로 나눠서 헤드와 발을 움직이며 맞추는 거에요.

즉, 공과 자신의 거리를 항상 같게 유지하기 위해

역시!!

헤드업을 했네요.

공과 신체의 거리는 괜찮았던 것 같은데!

아아~!! 탑핑이다!!

이것도 기본 중의 기본이죠.

'임팩트 시까지 고개를 들지마라'

그렇게 되면 자연스럽게 고개가 들려요. 그게 자연스러운 동작이니까요.

공을 왼쪽으로 치는 순간, 의식도 좌측 방향을 향하죠.

프로들조차 헤드업으로 인한 미스 샷은 치니까요.

하지만 이걸 지키는 것도 쉽지 않죠.

인간에게는 부자연스러운 행동이니까요.

애초에 치는 순간까지 고개를 들지 말라는 소리는

저 자세라면 확실히 공을 포착할 수 있어!!

고개가 전혀 들리지 않았어!

스스로에게 확실히 각인시키지 않으면, 무심코 고개를 들게 되죠.

임팩트시까지 고개를 들지 않으면 안 된다―고,

툭

그것이 기본에 대한 인식이에요.

스스로에게 각인시키는 것.

이해하기 쉽게 드라이버 샷으로 예를 들어서 가르쳐 줄게요.

앞서 간 플레이어 그룹이 아직 하고 있으니,

고개를 원래 위치로 돌리는 거에요.

다운스윙 으로 바꾸며

고개가 조금 움직여도 공을 포착할 수 있어요.

드라이버 샷을 칠 땐 티업을 한 상태로 치니까

백스윙으로 우측으로 고개가 움직이면서

체중이동으로 인해 신체는 강하게 왼쪽으로 쏠리는데, 고개만 고정시키라니.

하지만 이게 제법 어렵죠.

고개를 좌측으로 움직여버리면 슬라이스나 그 외의 미스 샷을 치게 되죠.

하지만 이 부자연스러운 동작을 하지 않으면—

꽤 힘들어요.

즉 이것도 부자연스러운 동작인 셈이죠.

베테랑은 그런 스윙 포인트까지도 깊게 인식하고 있으니까 잘 치는 거에요.

그러니까 어려운 것이죠.

그만큼 무리한 동작이에요.

여기가 아프다

프로나 베테랑 중에선 이걸 너무 신경 써서 하는 바람에 목 근육에 통증을 호소하는 사람도 꽤 있어요.

하지만 이걸 몸에 익히지 못하면 위로 올라갈 수 없단 거죠?

우리는 상상도 못할 정도의 깊은 기본에 대한 인식이 뒷받침 되어 있던 거야.

이 멋진 샷 에는

쇄애애애애액

따악

골프를 대하는 진심의 토대 자체가 이 사람과 코바야시 씨는 다른 거야.

으악?

빠각

플레이 횟수가 많으니까 잘하는 거다— 라고 저 사람은 이야기했지만,

그런 게 아니었어.

흥

퍼팅의 기본은 1m에요.

싱글 플레이어는 긴 퍼팅을 넣을 확률이 높다고 말했지만,

나이스 파!

베테랑은 1m의 일직선 퍼팅을 필사적으로 연습하죠.

오른 다리의 어디쯤에서 헤드가 나와야 할까.

그러기 위해선 어떻게 테이크 백을 해야 할까.

이것이 홀에 넣는 필수조건 이에요.

목표를 향해 일직선으로 퍼팅을 친다.

그 중요성이 몸에 각인 돼서 알고 있는 거에요.

치는 방법을 알고 있는 거죠.

프로라면 100% 성공시켜야 하고요.

싱글 플레이어라면 1m의 일직선 퍼팅을 쳐서 넣을 확률이 9할 정도죠.

마인드의 깊이 자체가 달라.

이게 싱글 플레이어와 우리의 차이구나.

1m의 일직선 퍼팅을 넣을 수 있으니까 5m에서도 넣을 확률이 높아지는 거죠.

기술 이전에 합리적으로 생각하는 방식이― 그 마인드 자체가 우리보다 더 깊은 거야.

우리는 베테랑을 보고 잘 치는 재능이 있는 거라며 쉽게 말하지만,

# 제 4 화
# 스푼

380Y

히라이 씨는 시합에서도 희한하게 눈에 띄지 않는 사람이었다.

이 사람

우승 혹은 상위권에서 얼굴을 비춘다.

그런데 게임이 끝나고 수상식을 할 때가 되면 돌연히 존재감을 뽐낸다.

부우웅

같이 라운딩을 해도 있는지 없는지 알 수 없기도 하고,

말수가 적은 것도 한몫 하지만.

뭐, 얌전한 성격인데다

대충 200야드 정도.

드라이버 샷이 멀리 뻗지 않는 탓도 있다.

코스에서 눈에 띄지 않는 건

따악

즉, 다른 사람들보다 20~30야드 정도 뒤처져서

따악

히라이 씨는 세컨드 샷을 친다.

다들 자신의 공이 있는 곳으로 갈 때

히라이 씨는 다른 사람이 세컨드 샷을 칠 때 카트를 타고 간다.

그러니까 다른 사람들은 히라이 씨의 샷에 관심이 없다.

다들 이래저래 뭔가를 할 때엔 사라져 버린다.

히라이 씨가 어느 샌가 서드 샷을 치고 있다.

그린 근처에 오면

히라이 씨는 확실하게 퍼팅 두 번으로 보기를 한다.

다른 사람은 더블 보기나 트리블 보기인데

히라이 씨의 붙이기는 보질 않는다.

다들 자신의 샷에 취해

히라이 씨의 공은 이미 온 그린한 상태로,

그린에 올라서서 보면

이게 코스에서 히라이 씨가 눈에 띄지 않는 이유이다.

드라이버 샷은 그렇게 멀리 안 나가는데.

그러니 83~85에서 왔다 갔다 하는 거겠지.

나쁠 때도 보기로 끝내고, 파도 어느 정도 해.

이 사람은 눈에 띄지 않음에도 더블 보기를 거의 하지 않아.

대체 그 비결이 뭐지.

늘 안정적으로 80대 초반을 치다니… 이 정도면 상위 랭커야.

칸다는 히라이 씨의 골프를 제대로 관전하기로 했다.

스푼 샷은 단 한번도 미스하지 않았어.

파4홀이나 파5홀에서도

따악

진짜 잘 친다…!

170… 아니, 180야드 정도 나오겠는데?

아, 네. 저는 드라이버 샷이 영 뻗질 않아서 자주 쓰고 있어요.

페어웨이 우드?

히라이 씨는 페어웨이 우드 장인이었군요!

자주 쓴달까, 파4홀에서 대부분 세컨드 샷에선 이거 잖아요….

아, 뭐 이것만큼은 잘 하죠!

장인이요?

왜 제법 있잖아요. 동창회에 출석했더니 다들 '누구였더라?' 하는 사람이.

전 학생 때부터 눈에 띄지 않는 사람이라고 다들 그랬어요….

솔직히 말해서

그 친구 이름이 뭐였지?

회사에서도 상사는 마지막 날까지 이름을 기억하지 못 해요.

글쎄요…

식당에 가도 영 주문을 받으러 오지 않고,

서른 다섯이 된 지금까지 여자 한 명 사귀지 못했어요.

그래서… 인 건 아니지만.

이렇다 할 특징이 없는 사람이 있잖아요? 제가 그런 모양이에요….

몸집도 작고 목소리도 작고, 얼굴도 행동도 평범해서

좋지도 나쁘지도 않죠.

대부분의 공은 더블 보기로 끝나고

힘이 없으니까 뻗질 못하고 그래서 크게 휘지도 않아요.

골프도 마찬가지죠.

있는지 없는지도 알 수 없고요.

다른 사람들에게 민폐를 끼치지 않는 대신, 재미를 주지도 못하죠.

성격이니까 사회생활을 할 땐 어쩔 수 없었지만 적어도 골프만큼은 어떻게든 자립할 방법이 있지 않을까! 하고.

하지만… 저는 이렇게 생각했어요.

그건 바로
스코어
였어요.

있더라고요.
파워가
부족한 사람이
두드러지는 방법이!

하지만 저는
몸집도 작고
힘도 없어요.

파워는
남자의
자랑이니까.

멀리 나가는
드라이브는
누구나
동경하는 것이라
사람들의 칭찬이
쏟아지니까요.

골프에서
눈에 띄는 방법은
뭐니뭐니해도
호쾌한
드라이버
샷이겠죠.

골프는
결국
승패가 갈리는
스코어 싸움
이니까요.

그럼
남은 건
스코어
뿐이죠.

파워가
부족해도,
플레이가
눈에 띄지 않아도
좋은 스코어를
낼 수 있는
방법이 있다면…

시합에서 우승하는 것!
이거야 말로 플레이어가
가장 주목 받을 수 있는
방법이 아닌가!

확실히 그렇지만— 4온, 5온으론 퍼팅 한 번으로 끝내도 보기나 더블 보기 확정이죠.

좋은 퍼팅은 스코어로 직결된다고들 하잖아요?

3온 정도는 지금도 할 수는 있었으니까…

퍼팅을 두 번 쳐도 보기, 한 번 치면 파!

그렇긴 해도 파워가 부족하니까 파 온은 할 수 없어요.

그럼 온을 하는 과정에서 문제가 있다는 건데,

항상 3온을 할 수 있다면…

하지만… 3온 이라면

고민 끝에 내린 결론이 페어웨이 우드 였어요!

늘 3온을 하려면 어떻게 해야 할까—

예를 들면 400야드인 파4홀에서 드라이버 샷이 200야드가 안 나오면

투

그린까지 200야드가 조금 더 남죠.

드라이버와 스푼만으로 370야드.

380야드 이하인 파4홀이면 이 두 자루만으로 온 그린 할 수 있어요.

스푼으로 170야드를 치면 그린까지 20~30 야드가 남으니까,

퍼팅 두 번에 보기, 한 번이면 파!

이후엔 이걸 샌드로 올리기만 하면 되는 거에요.

잘 치는 사람은 좋은 드라이버 샷으로 300야드를 보낸다고 하지만

저는 드라이버+스푼 샷으로 370야드를 보내는 거죠.

그렇게 구매하다가 네 번째에 정말 치기 쉬운 클럽을 찾았어요.

치기 쉬운 스푼을 사 모으기도 했죠.

스푼 한 자루만 가지고 연습장에서 300구 이상 때려낸 적도 있어요.

스푼 샷을 잘 치고 싶어!

드라이버 샷도 잘 칠 수 있게 되더라고요.

하지만 신기하게도 스푼 샷을 잘 치게 되니까

파워가 부족해도 비거리가 제법 나와요.

요즘 나오는 페어웨이 우드는 정말 치기 쉬워서

그러니까 드라이버 샷이 걸림돌이 었죠.

물론 공이 좋은 라이에 있을 때의 이야기지 만요.

드라이버 샷으로 20야드를 더 보내는 것보다 스푼 샷을 잘 치는 쪽이 더 쉬웠어요.

어디서든 공을 잘 칠 수 있다는 건 마찬가지니까요.

비거리는 안 나오지만 똑바로 쭉 뻗으니까,

…

네.

네 차례야!

단점을 장점으로 바꾼 거야.

이 사람은 자신의 플레이를 분석해서

골프 스타일이 싹 바뀌는 구나.

페어웨이 우드를 특기로 삼은 것 만으로

파도 하고….

신기하다 내가…

하지만 저렇게 끝내도 보기야.

히라이 씨는 영 뻗질 않는구먼.

나이스 샷!

따

악

드라이버와 스푼, 웨지, 퍼터만 있으면 돼요.

제 경우에 파4홀과 파5홀은

이걸로 그린 언저리!

드라이버 샷으로 200야드, 스푼 샷으로 170야드.

저 능숙함은 장난이 아냐.

확실히 잘 치네.

86

핀 옆
이다!

툭

낮게 누른
컨트롤 샷
이야!

골프는
생각 하나
만으로도
얼마든지
늘 수 있는
거야.

이래서
늘 80대
초반을
친 거구나.

간단
해요.

페어웨이 우드만
써 버릇 했더니
이런 것도
할 수 있게 됐어요.

헤에…
또 히라이 씨야?
진짜 잘 치나 보네…

짝 짝 짝 짝
짝 짝 짝 짝
짝 짝 짝 짝
짝 짝 짝 짝
짝 짝 짝 짝

오늘
베스트
그로스 상,
81로
히라이 씨!

짝 짝
짝 짝
짝 짝
짝 짝

눈에 띄지
않는 사람인
히라이 씨는
마지막에 존재감을
뽐낸다.

히라이 씨의 골프에 몹시 감탄하여

여담이지만— 이후 히라이 씨와 한 대회에서 라운딩을 한 사람이

이만큼 신랑감으로 어울리는 사람도 없었을 것이다.

생각해보면 얌전하고 진중하며 자기 주장을 밀어붙이지 않는 사람이라

외동 딸인데 사위로 삼고 싶네만….

우리 딸이랑 결혼하지 않겠어?

신부는 *코우즈마 코토노와 닮은 미인이라고 한다.

듣자 하니 이 사람은 사장으로 언젠가 회사를 맡길 수 있을만한 신랑감을 찾고 있었다는 모양이다.

*코우즈마 코토노 : 길퍼의 여성 프로 골프 선수

제 5 화

# 퍼팅의 강약

이토 씨는
결정을
잘 못하는
사람이다.

이토 씨는
치는데
시간이
제법
걸린단
말이지.

쉿….

바람은
….

스탠스는
이게 맞나?

이 클럽
이면
될까.

섬세
해서.

뭘 하든
신중한
성격이고

응. 퍼팅에는 있어.

자신?

퍼팅만큼은 자신만만하다.

다른 샷에선 결단을 내리기까지 그렇게 오래 걸리는데

퍼팅은 숏으론 절대 들어가지 않는단 거지ㅡ.

뭐 대단한 것도 아냐.

하하하하

알고 싶어?

어떻게 그렇게 잘 치는 거야?

난 그런 퍼팅이 도저히 용납이 되질 않았어.

10cm만 더 굴러갔으면 들어가는 건데. 같은 거.

왜 자주 일어나잖아? 라인을 탔는데도 숏으로 쳐서 들어가지 않는 퍼팅이.

하지만 이런 격언도 있잖아, '컵을 스쳐 지나간 공은 영원히 들어가지 않는다.'

누구나 그런 게 있지. 조금만 더 깊게 칠 걸— 하고 분해하거나….

딱 맞춰 치는 파는 바비 존스와 잭 니클라우스.

강하게 치는 파는 아놀드 파머와 타이거 우즈.

컵에 들어갈만한 거리만큼 딱 칠 것인가—의 두 파로 나뉘었단 거지.

부우우웅

즉 옛날부터 퍼팅은 세게 칠 것인가

강하게 쳤을 때 컵에 들어가는 라인은 가운데로 쭉 향했을 때뿐.

딱 맞춰 치는 파의 주장은

다들 퍼팅의 명수야. 자기 주장을 할 만한 사람들이지.

왼쪽이나 오른쪽으로 살짝 치우치면 컵에서 튕겨나간다.

'컵에 닿지 않는 공은 영원히 들어가지 않는다'지.

강하게 치는 쪽의 주장은

어느 방법을 택할지는 사람 나름 이지.

어느 쪽의 주장도 틀리지 않아서

공은 어느 방향에서든 들어간다고 주장하지.

하지만 거리를 딱 맞춰서 치면

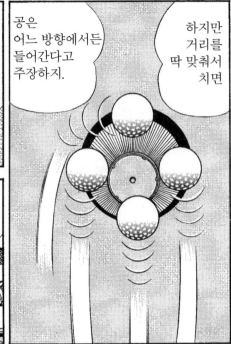

그래서 난 그걸 실험해 봤어.

맞아.

절대로 숏퍼팅을 치지 않도록.

절대로 홀을 지나지 않도록,

우선 거리를 딱 맞춰 치기.

실험 이라고 하니까 뭐 대단한 걸 한 것 같으니까…

아니지,

실험?

NO.12
412Y
PAR4

5라운드씩 각각의 방법으로 쳐봤어.

숏퍼팅도.

롱퍼팅도

거리를 딱 맞춰 치려고 했어.

어떤 상황에서도

NO.12
412Y
PAR 4

우물쭈물

거리를 딱 맞춰서…

딱악

이토 씨는 샷을 칠 때 망설이는 타입이구나.

또 머뭇거리고 있어….

샷을 칠 땐 결단이 저렇게 늦는데 어떻게 퍼팅에서의 결단은 빠른 거지….

따악

이토 씨의 드라이버 샷은 멀리 뻗는 편은 아냐….

220 야드 정도 겠네….

하지만 파나 보기로 끝을 내지.

역시 스코어를 올리려면 퍼팅이 중요한 거야.

하하하하

알고 싶어?

그래서 어떻게 됐는데?

부우우웅

그랬 더니….

5라운드. 퍼팅은 전부 거리를 딱 맞춰 봤어!

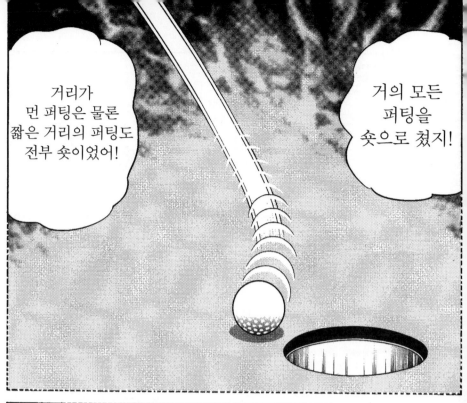

거리가
먼 퍼팅은 물론
짧은 거리의 퍼팅도
전부 숏이었어!

거의 모든
퍼팅을
숏으로 쳤지!

전부 다
숏이었어.

그리고
크게
벗어난 뒤에
친 퍼팅은

그랬더니
엄청나게
벗어나지
뭐야.

이래서야
안 되겠다
싶어서
세게
치려고
했지.

격언대로
'닿지 않는 공은
영원히
들어가지
않는다.'였지.

그래서
들어가는
확률은
낮았어.

...

알고 싶어?

하하하하

그랬더니 어땠는데?

그랬더니...

이토 씨는 아이언 샷도 그렇게 썩 잘 치진 않아.

또 머뭇거리고 있어...

우물 쭈물

역시 퍼팅이란 거야.

그런데도 스코어가 잘 나오는 건

아~! 왼쪽으로 쏠렸어!

따악

처음 쳤던 롱퍼팅은 엄청나게 벗어나서

쓰리퍼트가 늘었어!

쓰리퍼트가 늘면 전체 퍼팅 수는 나쁜 거 아냐?

숏퍼팅이 들어갈 정도는 됐지만…

5라운드의 총 퍼팅수는 ….

너무 성급하게 굴지마… 딱 맞춰 친 것과 세게 친 것.

단 그래서 숏퍼팅이

들어갈 확률이 높아졌지.

다들 퍼팅은
'안 들어가는 날은
안 들어가고
들어가는 날은
진짜 잘 들어간다'라고
하지만.

이건
세게 쳤을 때
하는 이야기였던
거야!

격언 대로
'닿지 않는 공은
영원히
들어가지 않는다.'

거리를 딱 재서
친 퍼팅은
잘 들어가는 날,
안 들어가는 날
같은 게
없었는데….

….

타
악

그리고 한 가지 더 알게 된 사실이 있어.

듣고 싶기?

....

처음엔 2~3m를 훌쩍 넘어가 버렸었는데,

그랬더니—

1m를 넘겨서 친다고 했잖아?

실험이니까 그렇게 치려고 한 거거든.

퍼팅이 늘어나는 걸 무서워하지 않고.

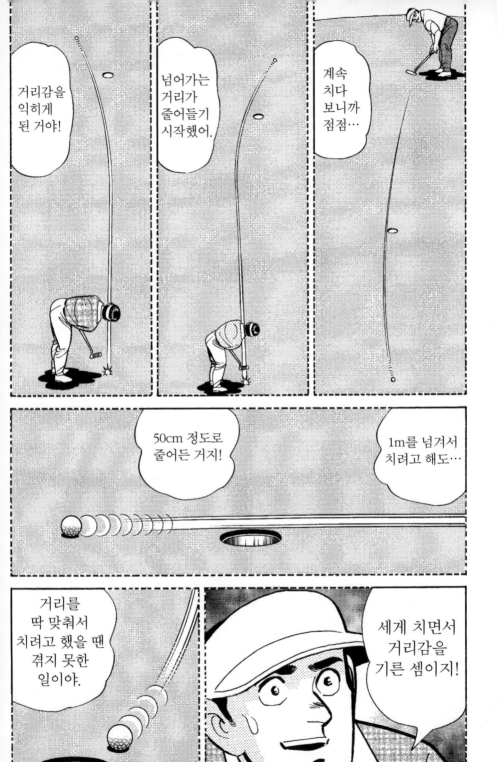

거의 가깝지.

타이거 우즈는 30cm 정도 벗어나는 게 이상적이라고 했는데,

지금 건 들어가지 않았다고 해도 대충 50cm 정도 벗어났겠지.

그렇게 센 게 아냐!

짧게 칠 수밖에 없는 거야!

거리를 딱 맞추는 건 넘어가는 것에 대한 강박 때문에

거기다 너무 세게 치더라도 반대쪽에서 퍼팅을 쳐서 넣으면 돼.

1m가 벗어나면 1m의 폭을 수정할 여지가 있지

닿지 않는 퍼팅의 확률은 제로지만, 넘어가게 치면 들어갈 확률이 있어.

이건 확률 문제인 거지.

'퍼팅을 세게 쳐도 들어가지 않는다.'라고 하지만

그래, 하나 더 알게 됐다는 게 그거야.

넘어가는 게 두려워서 짧게 치는 걸로 만족해.

대부분의 사람들은…

이게 내 결론 이야!

1m를 넘어가게 친다!

라인은 탔지만 퍼팅이 약해서 들어가지 않는 경우가 많아.

확실히...

...

그 반만큼 이라도 들어 갔으면....

적어도 멀리 벗어났을 때보다 많았지.

이런 생각을 했던 게 하루에도 몇 번이나 있었어.

조금 더 세게 쳤으면...

퍼팅은 어쩜 그렇게 맘껏 치는 거야?

그래도 이토 씨, 샷을 칠 때는 이래저래 망설이면서

라인 같은 건 척 보면 알 수 있고.

퍼팅은 그저 세게 치는 것만 생각하면 되니까.

샷은 스탠스나 바람, 사용할 클럽 같이 생각할 게 많지만

간단해.

샷을 칠 땐 그렇게 망설이는 사람이…

….

또, 직감이 맞을 때가 많거든.

라인은 생각하면 할수록 세게 치지 못하게 되니까

'샷과 퍼트는 별개의 게임이다.'
잭 니클라우스

# 제 6 화

# 폭이 있는 사람

으와아!!

골프란 것은
어떤
스포츠일까.

응.
그런데….

에비누마 씨의
샷은
정말로
멋지네요.

저렇게
멀리
뻗다니!
거기다
정중앙이야!

굉장해!!

예에?

저 사람의
골프는
폭이
조금
넓어.

그렇게 좋은 샷을 쳐놓고선…!!

아오!!

크으윽~!! 더프라니!!!

…

왜~!

왜…

오른쪽은 OB인데!!

1번 홀에서 그렇게 멋진 드라이버 샷을 쳤는데….

앗~!!

따악

망할~!!

아~!! 이번엔 왼쪽 이야 !!

1번 홀에서 친 나이스 샷은 운이었구나.

이번엔 탑핑...

OB를 두 번이나 내놓고 트리플로 끝내다니…!

OB만 안 났으면 버디라고!

어때!!

따악

갑자기 의욕이 숫구치는걸!!

좋아!

기운 넘치네!!

크하하하하

페어웨이 정중앙으로 가는 큼직한 드라이브!!

어때!!

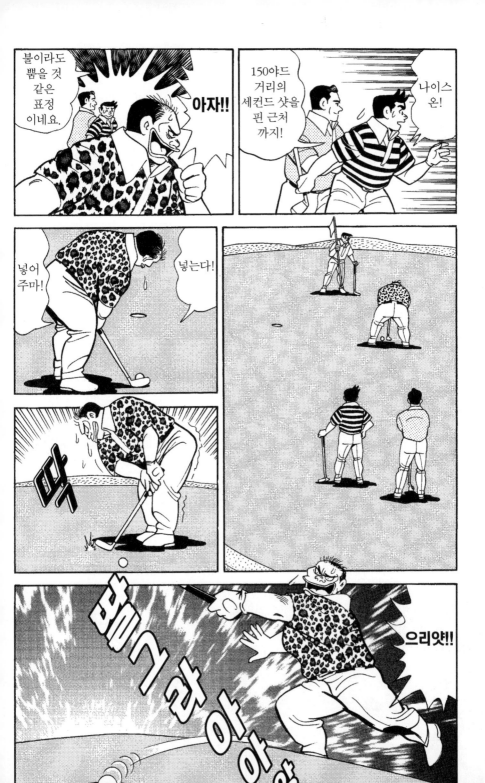

역시 저 사람은 잘 치는 거야!

크하하

굉장해!!

나이스 버디!!

들어 갔다!!

폭이 넓은 사람의 의미를 이젠 알겠지?

양쪽 모두 진짜야.

어느 쪽이 진짜 모습 이지…

OB를 두 번이나 냈다가 버디를 했다가….

따 앙

폭이 넓은 사람….

아~!! 오른쪽 으로 쏠렸어!!

진짜 이 사람의 샷은 폭이 넓구나….

오른쪽도 왼쪽도, 그리고 정중앙으로도 쳐.

저기, 에비누마 씨?

….

에비누마 씨, 정중앙으로 날리면 버디를 잡을 수 있을 것 같은데.

에비누마 씨는 귀가 살짝 안 좋아.

아뇨….

용건 있어?

뭐?

노안이 왔대.

아직 사십 대로 보이는데. 머리숱도 적고.

사실 전부 의치라 더라.

치열은 좋아 보이지만

축농증도 있다더라.

부우웅

코도 훌쩍 거리 던데.

치질도 있다 던데.

당뇨도 진행 중이래.

허리도 아프다 그러고,

따악

....

그런 부분도 폭이 넓은 사람이구나.

아~!!
오른쪽이
잖아!!

배수구에
맞고
튕겼어…!

앗~!!

반드시
넣어
주마!

넣는다!

그래도
거리가
10m는
돼
보이는데
….

럭키!

나이스
온이다
!!

저걸 못 넣으면
모처럼의 행운이
아무 의미
없어진다고!

이 운을
살려야 돼!

센데
….

또…

따악

스

아앗~!!

그렇긴 한데
2m나
넘어갔어….

들어갔으면
전대미문의
슈퍼 버디
였을 텐데…!!

크윽~!!

추우욱

아악
~!!

딱

모처럼의
행운이
…!!

보기다
...

쓰리
퍼트
...

기분의 폭.

타구의
폭.

폭이 넓은
사람이란
의미가.

알겠지?

폭이
넓어선
안 되는
거야.

타구는 되도록
중앙으로
모이게끔.

골프란
스포츠는
이 폭을
좁혀야 하지.

NO

NO

아무 생각 없이 흐름에 맡기면 돼.

시작할 땐 열을 올릴 게 아니라.

자기 자신을 스스로가 궁지로 몰아붙이는 거야.

이걸 힘이 너무 들어 갔다고 해.

흥분을 하면 몸에 힘이 들어가고, 샷의 폭을 넓혀버리지.

요약 하자면 힘을 빼라는 거야.

우쭐대며 잘난체 하는 것과 같아.

힘이 너무 들어갔단 건 샷을 치는데 허황된 바람이 드는 걸 뜻하지.

기합은 그 샷에 집중하는 걸 뜻하고,

'기합을 넣는다'와 '힘이 너무 들어갔다'는 달라.

집중
하자….

'기합'과
'집중'은
샷의 폭을
좁히는
역할을 하지.

따
악

나이스
온!

툭

감정의
기복도
줄게 돼.

집중하면
저절로
말수가
적어지고

제 7 화
# 나머지 100 야드

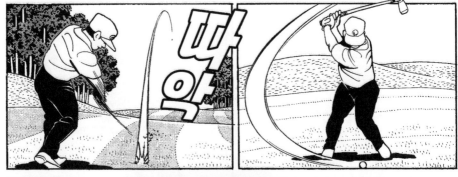

그렇지.

9번
아이언
이네요?

누구든
가장 손쉽게
칠 수 있는
클럽 아닌가.

피칭 웨지
9번 아이언.

일 년 동안
아이언은
9번만 쓰도록
하고 있네.

목표까지
몇 야드가
남아있든
9번 아이언을
쓰고 있어.

드라이버랑 9번 아이언으로 치고 있어요.

연습장에선 어떤 연습 위주로 하는데?

반 년 정도요. 필드에 나온 건 세 번째에요.

달그락 달그락

얼마나 배운 거야?

네 두 자루로 만이요.

두 자루로만?

그리고 집의 카펫 위에서 1m 퍼팅 연습을 시키고 있네.

골프는 이 세 자루가 가장 중요하니까.

지금은 이 정도가 딱 좋아.

다른 클럽으로 연습하진 않나요?

드라이버랑 9번 아이언, 그리고 퍼터.

그래도 '처음엔 큰 스윙으로 있는 힘껏 쳐'란 레슨도 있잖아요.

뻗지 않아도 괜찮다고요?

휘지 않도록, 쭉 뻗어 나가게 치는 연습을 하지.

드라이버 샷은 뻗지 않아도 괜찮아.

골프는 일단 멀리 보내야 유리하니까요….

맞아요. 이시카와 료도 어떻게든 멀리 보내는 것부터 시작했고요.

그런 생각은 오히려 성장을 늦출 뿐이야.

프로를 목표로 하는 사람과 동급으로 골프에 매달릴 필요는 없단 말일세.

하지만 유야는. …우리 손주는 즐거운 골프를 목표로 하고 있네.

프로를 목표로 한 사람은 그래도 돼.

필드에 나서는 것도 비교하는 게 실례일 정도로 적지.

공을 치는 횟수도 프로를 목표로 한 사람보다 훨씬 적어.

아니면 7번 우드나 5번 우드라도….

3번이나 4번의 롱 아이언까진 아니어도… 5번이나 7번 정돈 필요하잖아요.

아이언을 9번 아이언으로만 치는 건 조금 그렇지 않아요…?

뭐… 드라이버는 그래도 괜찮겠지만….

잘 안 맞는 클럽으로 백날 쳐봤자 재미가 없지 않나?

롱 아이언이나 페어웨이 우드는 치기 어렵지.

또, 재미가 있으니까 실력이 느는 것도 빨라지는 것이고.

무슨 일이든 재미있지 않으면 계속할 수 없네.

누구든 쉽게 칠 수 있지.

골프 클럽 중 가장 다루기 쉬운 건 숏 아이언이야.

재미가 붙으니까 몇 번이고 칠 수 있는 거야.

제대로 맞추면 재미가 붙고,

힘이 잔뜩 들어갔기 때문에 스윙 폼은 전부다 무너지고.

그러면 당연히 힘이 들어 가지.

드라이버를 크게 휘둘러서 힘껏 날리려고 한다.

반대로 생각해 보면 어떤가.

좋은 코치가 붙어서 매일같이 공을 치고… 우리와는 달라.

프로를 목표로 한 사람은 별개지만.

되려 성장이 더뎌지는 거야.

그런 나쁜 버릇이 들면

그저 이를 악물고 의미 없는 연습만 계속할 뿐이지.

초보자는 물론 10년 이상 친 사람도 그리 썩 익숙하게 치질 못 해.

롱 아이언이나 스푼도 마찬가지 일세.

그린이
비었구만.

65세라고
들었는데
....

잘
치신다.

따
악

따
악

나이스
온!!
역시
대단
하세요!

톡

내리쳐야
하니까
7번 아이언
이면 되겠다
....

152
야드
라....

벙커 잖아!

왼쪽 연못을 피하려고 했구나.

아~!! 오른쪽 으로 쏠렸어!

9번 아이언 ...?

그래 ....

다음은 제가 쳐도 괜찮죠?

하지만 노린 장소에 떨어졌어.

당연히 비거리는 짧아....

따악

연습장에선 이 클럽으로만 치거든요.

잘 치네!

이번에도 역시 9번…

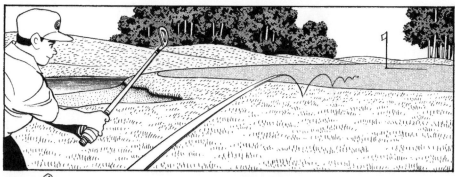

5m 숏이네…

아!! 너무 셌어!

나이스 파!!

들어 갔어!!

멀리 보내지 않는 쪽이 미스가 적으니까 말일세.

골프는 멀리 보내는 것보다 그렇지 않는 쪽이 스코어가 좋게 나올 때가 많네.

시작한지 반 년 된 아이가… 파!

내가 트리플 보기 인데….

아무리 연습한들 그린에 따라 빠르기가 다르니까.

롱 퍼팅의 거리를 맞추는 건 감이야.

맞네, 퍼팅은 그 거리만 연습하면 돼.

1m 퍼팅 처럼요?

휘는 라인을 읽는 것도, 그렇게 치는 것도 경험과 감인 거야.

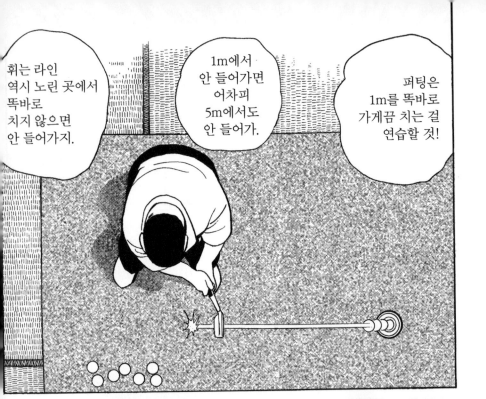

휘는 라인 역시 노린 곳에서 똑바로 치지 않으면 안 들어가지.

1m에서 안 들어가면 어차피 5m에서도 안 들어가.

퍼팅은 1m를 똑바로 가게끔 치는 걸 연습할 것!

스코어의 60 퍼센트는 그린의 100야드 이내에서 만들어진다고들 하지.

괜찮아.

1m에서 넣으면 쓰리 퍼트는 안 하니까.

아하… 그 말씀 대로네요.

그것만 연습해도…

9번 아이언에 1m 퍼팅 이라….

146

파4홀의 세컨드 샷은 치기 껄끄럽잖아요?

부우우웅

그런데 페어웨이 우드나 미들 아이언을 안 쓰면

그린 주변에서 무의미한 스코어를 반감할 수 있네.

숏 아이언을 잘 다룰 수 있다면

전부 9번 아이언으로 치거나 아니면 피칭 웨지를 써도 괜찮아.

아직 연습 단계니까.

부우우웅

동반자에게 폐를 끼치지 않으니까.

그 편이 숏 아이언을 연습하기 좋고,

치기 쉬운 클럽부터 차례대로 넘어가는 거야.

파 아

8번이 익숙해지면 7번도 제법 다룰 수 있게 되지.

9번을 익숙하게 친다면 8번은 금방 익숙해지게 돼.

거기다 ….

휘지 않게 치는 법을 배울 수 있지.

연습할 때도 힘을 빼고 쳐 버릇하면

그렇게까지 공이 휘어져 나가진 않아.

180야드 정도만 보낼 생각으로 휘두르면

먼저 휘지 않게 스윙하는 법을 배워야 돼.

힘을 줘서 치는 건 언제든 할 수 있어.

골프는 이 정도면 된다고…?

드라이버와 숏 아이언, 1m 퍼팅.

이것들은 10년을 쳐도 능숙하게 다루기 힘든 클럽이니까.

페어웨이 우드나 미들 아이언은 적당히 다룰 줄만 알면 돼.

이 세 가지가 골프에 있어 가장 중요한 것…

따악

제 **8** 화
# 비슷한 사람들

세상에는 자신과 똑 닮은 사람이 세 명 있다고 한다.

이카리입니다.

칸다라고 합니다, 오늘 잘 부탁드리겠습니다!

뭐라고?

아, 그러네….

칸다, 저 사람 쿠마가이 씨랑 닮지 않았어?

체격은 작지만 표정이나 행동이….

아니 닮았어….

뭣보다 난 저렇게 안 뚱뚱하다고!

하나도 안 닮았는데 뭔 소리여.

태도도 그래.

뭔가 말투도 비슷한데?

챗

탑핑 된 거 같은데?!

나이스 샷!

헹!

흥!

그렇지만도 않은 모양입니다.

부우우웅

사람이란 자신에 대한 건 자신이 가장 잘 안다고 하지만,

154

벙커
쪽이다!

아~!!
뭐에
걸렸어!!

딱
악

아—!!
하지
마세요!

이렇게
쳤어야
됐는데!

콰
악

잘
봐라!

홍,
분에
못 이겨서
매너를
잊다니…

제기랄!!

빠악

엄청난 더프구만!

쿡쿡쿡

아~!!

웃기지 말라고!!

난 저딴 놈이랑은 달라!

얼굴이 닮아서 성격도 닮은 건가.

반응도 똑같네.

아~!!!

나랑 안 맞아!

그린이 참 무겁구만!

타악

흥, 지가 잘못쳐놓고 그린 탓은….

아~ 대체 왜 휘는 거야?!

아~!! 휘었어!!!

들어 갔다!

아, 아니….

똑바로 굴러가지 않잖아!!

이 놈의 그린 진짜 엉망진창 이네!!

흥! 저 놈이랑은 다르니까 말야!

그린 탓을 하면 안 되지.

내가 제대로 못 쳤으니까 휜 거야.

OB라고~?!

아악~!!
오른쪽으로
휘었어!!

코스엔
보통도
특별도
없어.

비켜

보통이
뭐냐
보통이.

보통
저런데
OB 말뚝을
박아
놓나—?!

어째서
?!

으아악!!
왼쪽이다!!

따악

이 코스
이상
하다고!!

왜
저런 곳에
연못이
있는
건데?!

뭐~?!
연못
이라고?!

근데
이 코스,
재밌는 곳에
연못을
만들어 놨네.

하하하

아,
저쪽으로
친
내 잘못
이지.

빠안…

그린까지
150야드
…

부우우웅

결과가
뻔히
보인다.

그린에
보낼만한
클럽이 아냐.
앞에
마운드에
맞을걸.

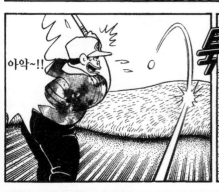

아악~!!

툭

좌악

음…
조금
깊은데
…

내 공은
러프에
떨어
졌네.

그런 걸
왜
못 보는
거냐?

멍청
하긴
…

아냐, 이 정도면 칠만해.

아니다! 여기선 확실히 페어웨이로 보내야 돼.

…

겁쟁이 같으니…

흥!

좌악

쿠마 가야 씨.

그 러프에서 무리하게 쳤으면 더블 보기 했겠는데요?

보기 입니다.

딸그랑

멍청
하긴
…

…

그 쪽으로
빼야겠어.

흥,
겁먹은
거겠지!

쿠마가야 씨,
오늘은
냉정하네.

파
네요!

파다!

트리플
보기야!!!

보기!

난 핀 바로 옆을 노려주지!

달에 한 번 치는 골프니까 마음껏 도전하지 않으면 재미가 없다고!

핀빨이다!!

톡

제대로 맞았어!

죽인다!

헤헤헤, 버디할 찬스라고!

…

이게 골프의 맛이지!!

아자아!!!

저건 바보들이나 하는 공략법이야….

저건 순 운빨이라고.

저런 위험한 샷을 치면 안 돼.

…

….

166

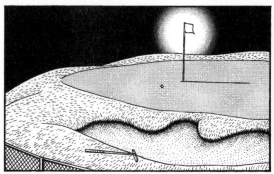

하지만
….

그게
지론
이야!

안전하게
그린
중앙을
노린다!

난 저런
멍청이랑은
달라!

안 돼!
그래서야
저 놈이랑
똑 같은 놈이
된다고…!

나이스
샷!!

따
악!

흥,
겁쟁이
자식!

나이스 온!
그린 라이트
사이드!!

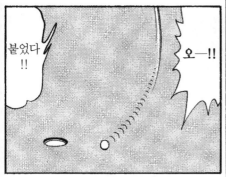

붙었다!!

오—!!

탁

나이스 파!

딸그랑

먼저 실례.

'넣지 못 하면 전부 물거품이야…'

'모처럼 이렇게 잘 풀렸다'

꼭 넣는다!!

버디다!!

나한테는 이 놈이 무슨 생각을 하는지 훤히 보여…

이 압박감….

'빗나가면 다들 비웃을 거야…'라고 생각하겠지, 분명.

아~!!
세게
쳤어!!

저 놈도
분명
그렇게
생각하고
있겠지….

이건
망했다
….

으~!!
1m나
넘겨 버렸어!

마치 옛날
내 모습을
보는 것
같았어….

나한테도
저럴 때가
있었지….

앗…!

지금도
그러고
있지만요

으아악~!
버디의
찬스가
보기가
됐잖아!!

약해
!!

제 9 화

# 안티테제

요즘은 불경기긴 하지만 쿠즈 씨의 경우엔 호경기 때도 가난했었다.

칸다 마사시 (HC 15)

쿠즈 히로시 (HC 12)

가난한 놈은 골프도 못 치냐?

내가 가난한 건 맞는데

없다곤 해도 장비는 갖춘데다 달에 한 번은 필드에 나오잖아.

돈은 없어.

이런 부분이 쿠즈 가문의 전통인 가난과 관계가 있는 모양이다.

쿠즈 씨는 반골 성향이 강한 사람으로, 사는 방식 또한 보통 사람들과는 상용할 수 없다.

전부 우드형 아이언 이네요.

난 우드형 아이언 셋트를 장만했지.

오~! 헤드가 사각형 이네.

칸다, 이것 좀 봐줘! 새 드라이버를 샀어.

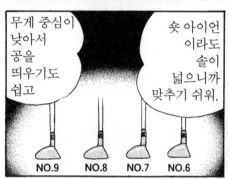

무게 중심이 낮아서 공을 띄우기도 쉽고

숏 아이언 이라도 솔이 넓으니까 맞추기 쉬워.

NO.9　　NO.8　　NO.7　　NO.6

주웠다 고요?

장비는 전부 주운 것들이야. 드라이버도 아이언도 돈 한푼 안 썼어!

흥.

골프 장비도 시대에 따라 바뀌는구만.

그런 가요?

그러고 보니 쿠즈 씨 클럽은 낡았지.

고물상이 뭐가 어때서!

뭐가 '불용품 회수 서비스'냐.

이 업계도 최근엔 리사이클 샵이나 불용품 회수 서비스 등으로 호칭이 바뀌는 것이 유행인 모양이지만, 그는 여전히 '고물상'이라 부르고 있다.

쿠즈 씨의 직업은 부모님 대부터 이어져온 고물상이다.

최근엔 골프 클럽이 꽤나 버려지고 있다는 모양이다.

아깝잖아.

5년 정도 된 클럽이지만 당연히 쓸 수 있지.

손가방까지 버렸네.

드라이버나 퍼터, 아이언. 캐디백에 슈즈까지.

이걸로도 충분히 골프를 즐길 수 있으니까!

상관없어!

각각 따로 주웠으니까.

잘 보면 아이언도 9번, 8번과 7번, 6번의 브랜드가 다르다.

그 말대로 쿠즈 씨는 골프를 꽤 잘 친다!

8만엔 이었는데도 다들 사려고 했었지.

이 클럽도 팔 당시엔 최신기술을 썼을 테니까.

비거리도 우리랑 거의 비슷해.

와… 쭉 날아 가는데?!

아이언도 잘 맞는다.

한 때는 다들 썼던 것들인데….

별 일이네.

이 드라이버 꽤 팔렸었지.

아직 쓸만한가 보네.

그러고 보니 이 아이언 5년 전 쯤에 나도 썼었어.

그런가….

…

치기도 쉽고 잘 뻗는 것들 말야.

그거야 더 성능이 좋은 클럽을 파니까 그렇지.

부우우웅

왜 버려진 걸까.

아너는 이번에도 쿠즈 씨구나….

엄청난 내리막 코스야!

7번홀
145야드
파3

역시 옛날 클럽은 뻗질 못하니까.

엥~?! 쿠즈 씨, 7번을?

와~ 딱 맞게 떨어졌네.

나이스 온!

나이스 샷!

난 8번도 큰 느낌인데…

내리치기니까…

좀 멀리 가는데?!

됐나?

난 9번이면 충분해!

쿠즈 씨의 클럽에 속은 거야!

아~! 역시 넘어갔어!!

툭

따악

신제품인데도 15% 할인!

이 아이언 산지 얼마 안 됐거든.

격하게 움직이면 빠지는 느낌이 들긴 해.

나마하게 씨, 머리가 더 빠진 것 같은데?

기분 탓이겠지만

그래도 거리는 대충 맞았잖아?

아~! 오른쪽이네요!

빠각

나도 세일할 때 구매한 새 클럽이야.

기분 탓이겠지만

나마하게 씨, 굉장하네요. 그 퍼터.

아악~!

제대로 안 맞잖아~!

하하하!

타악

하이테크 놀로지 피디라고!

어떻게 쳐도 똑바로 굴릴 수 있는 구소로 만들었다는

그렇지 …

아무리 하이테크 놀로지라도 닿지 않으면 안 들어 간다고.

2m나 모자른 숏 퍼팅 이야.

아~!! 약했어!!

179

복잡하게 생겼어.

최근 유행하는 건 이런 거잖아.

퍼터도 유행했다 퇴물이 됐다 하니까.

그러고 보니 얼마 전엔 투볼퍼터가 유행했었지.

퍽

캐쉬인 퍼터라고 불리던 그거야.

쿠즈 씨 건 진짜 낡은 퍼터네.

예전엔 이걸로 *점보나 **아오키가 30퍼트 이하로 라운딩하기도 했었잖아.

먼저 실례.

그냥 공을 5m 정도 굴리면 되는 건데,

딸그랑

아~! 아깝다.

지금까지 쓴 클럽에 질려서 그런 게 아닐까?

그건 단순히…

**클럽의 유행?**

이건 뭐 20년도 더 된 이야기 지만—.

아이언은 캐비티로 완성됐어.

고반발설계는 너무 멀리 뻗어서 규제되는 바람에 다시 되돌아가느라 시끌시끌했었지.

드라이버는 10년전에 소재도 티탄으로 바뀌면서 완성형이 되었고

즉 클럽은 10년전에 종착점에 도달한 거야.

결국 보이는 형태만 바꾼 정도에 불과해.

그 이후로 긴 샤프트나 큰 헤드 등,

하지만 그걸로 끝이냐고 물으면 또 새로운 이론을 내세운 클럽이 발매되어 잘 나가는 상품이 바뀌어 버려.

그 중에는 제법 맞추기 쉬운 모델이 출시돼 폭발적으로 팔리면서 이게 유행이 되곤 하지.

하지만 브랜드는 계속해서 다음 모델을 출시하지.

결국 일반 골프인들은 유행을 좇으며 유행을 즐기기만 하는 게 아닌가.

그건 그거대로 나쁘지 않긴 하지만….

옛날 드라이버는 헤드가 작네.

요즘 것의 반 정도 크기야.

신제품이 스코어 향상에 직접적인 영향을 주지 않는다는 것 정도는 인지할 필요가 있는 것이 아닐까.

즐기는 거야 상관 없지만

실제로 쿠즈 씨는 우리가 이미 한참 전에 버린 클럽으로 쭉 아너를 하고 있잖아.

스코어는 클럽으로 정해지는 게 아냐.

따악

그거야 연습장에 가면 돈이 들지.

네? 아니 그런데 돈이···.

연습은 하고 있어.

그런데 연습도 거의 안 하는데 쿠즈 씨는 잘 치네요.

스윙 자세는 철저한 스윙 연습만으로 하지!

공이 없으니까 힘이 들어가지도 않고,

프로들도 말하잖아? '스윙만큼 좋은 연습은 없다'고.

내 경우엔 가게 앞에서 저녁때 스윙을 해.

폐품회

5야드 정도면 충분해.

뒤뜰에서 지면에 굴리는 연습

퍼터 가운데로 공의 중심을 치는 연습을 해.

아니면 낡은 카펫 위에서

똑바로 퍼팅을 치는 감각을 기르는 거야.

퍼팅도 땅바닥에 선을 긋고

물론
공도
주운 것
이다.

제대로
맞추질
못하는데
그게 무슨
의미가 있나
싶은데.

드라이버의
샤프트가
끝을
중시했다느니
손잡이를
중시했다느니
하잖아.

애초에 우린
제대로 맞추질
못 하니까.

그런 건
뭘 쓰든
마찬가지야.

거리계니
스핀계니
하잖아.

공도
마찬
가지야.

일반인들은
이런 것을
서로 논쟁
하는 것을
즐기는 걸지도
몰라.

샤프트 중시,
손잡이 중시
거리계, 스핀계.

따
악

선전이
너무
많다고.

그런 걸로
떠들기 전에
제대로 맞추기 위한
스윙을 배우라고
해주고 싶어.

그래!
공에 따라선
멈추는 느낌이
전혀
다르다고!

왠지 너무
노골적인
말투인데?

난 말야!

184

쿠즈 씨는 자신의 도시락을 싸온다.

모두가 식사를 마칠 때까지 퍼팅 연습을 한다.

1200엔 이나 하는 카레를 먹을 거 같아?

레스토랑 에는 가지 않는다.

거기에 있는 가게보다 배는 비싸!

좋아, 그럼 오후도 즐겨 볼까.

난 주운 걸 그대로 쓰진 않아.

드라이버에 납을 대서 조정했네요?

아이언도 마찬가지다.

여러 가지 재료가 있으니까.

내 가게에는 철을 깎는 기계가 있거든.

그립을 가죽으로 고쳐 감거나 한다.

헤드의 철을 깎거나

주운 클럽을 자기한테 맞게 개량해서 쓰고 있어…

그 말대로 정말 잘 친단 말야…

그립을 엄청나게 짧게 쥐고 친다.

이 스푼으로 칠 때는

내 경우엔 이렇게 짧게 쥐면 맞추기 쉽더라고.

이 스푼은 길게 잡으면 제대로 맞질 않아.

이걸 어떻게 쓰는데요?

퍼터랑 비슷할 정도로 샤프트를 짧게 잘랐어.

2번?

2번 아이언 이야.

이건 뭐에요?

잘 붙거든.

클럽 헤드에 경사가 약간 있으니까 살짝 올려 칠 수 있어.

러닝 어프로치 할 때 쓰지.

치는 방식은 퍼터랑 똑같아.

이걸로 그린 언저리에서 굴려야 할 때도 쓰지.

이 사람은 자신만의 골프를 하고 있어….

상식에 구애 받지 않는 골프…

난 헤드 스피드가 41이니까 R에 10.5도.

드라이버는 S샤프트에 헤드 각도 9도가 나한테 딱 맞아.

골프는 무엇이든 가능하다는 걸 타이거 우즈가 가르쳐준 셈이다.

그리고 보니 타이거 우즈가 처음 어프로치 샷을 칠 때 배피를 쓰자 모든 사람이 경악을 했었다.

쿠즈 씨는 이론을 싫어한다.

흥!

9도 드라이버엔 그 나름대로의 치는 방식이 있고 10.5도 드라이버에는 10.5도 나름의 방식이 있어.

무슨 일이든 현실과 경험이야.

이론으로 꽃을 피울 순 없어!

이론만으로 골프가 되겠어?

실생활과 마찬가지로 이 사람은 스코어를 절대 허투루 쓰지 않는다.

도박을 혐오 한다.

트러블을 만나면 반드시 다음 샷을 쉽게 칠 수 있는 곳으로 옮기고

재미없다고 하면 이만큼 재미없는 골프도 없을 것이다.

우리는 쓸데없는 허세나 트랜드에 휩쓸려 자신만의 골프를 잃고 있다.

하지만 생각해보면 쿠즈 씨의 골프는 우리들이 하는 골프의 안티테제라고 말할 수 있지 않을까.

결혼식도 올리지 않았다.

무엇보다 돈에 얽매이지 않는 사람 이라는 점이 마음에 들었다고 한다.

상대 여성은 돌싱으로

폐품호

최근 쿠즈 씨는 길었던 독신생활을 청산하고 결혼하였다.

아니, 그 말은 너무 심하잖아요.

어디서 주웠을까.

자신과 맞게 차츰차츰 조정해나갈 모양이다.

뭐어, 마음에 들지 않는 구석도 있지만

제**10**화 이미지 전략

칸다가
참여하는 대회에서
최근 들어
실력이 확 오른
인물이 있었다.

토쿠마루 씨는
연습할 때도
급하게
치질 않네요.

한 타,
한 타를
신중하게
치고
있어요…

토쿠마루 씨
48 세

마치
실전을
하는
듯이,

미리
스윙을
해본다거나
목표를
본다거나…

이거야!!
이렇게
치는 거야!!

좋았어!

따악

이게 아니야.
조금 전에
친 게 맞는데!!

이게
아니
라고
!!

팍

따악

예?

이 두 사람이
연습하는
방식의
차이가?

칸다,
알겠니?

토쿠마루 씨랑은
연습의 목표가
다르긴 하지만
….

이 사람도
엄청
열심이
구나.

'어떻게 칠까'를
좇고 있는 거야.

나마하게 씨는
자신의 스윙에
중점을 두고 있지

연습이란 게 그런 거 잖아요?

그런데…

그래. 자신의 스윙을 고치려고 하는 것이지.

어떻게 칠까… 요?

많은 사람들이 기량의 향상이 스코어 업으로 이어진다고 생각하지.

그렇지..

다들 조금 더 기량을 향상시키려는 목적으로 연습하니까요….

어떻게 치면 잘 칠 수 있을까.

….

그런데 토쿠마루 씨는 그게 아닌 모양이야.

따악

…

목표를 보면서 무슨 생각을 하는 걸까.

감사합니다!

나이스 샷!

토쿠마루 씨, 최근 실력이 엄청 늘었네요!

인사이드로 이렇게…

좋아!

가르쳐 줘요.

무슨 비결이라도 있습니까?

많은 골프인들이 연습장에서 샷의 완성을 목표로 하고 있어.

그래.

그런데 이나가키 씨,

좀 전에 하셨던 말씀 말인데요.

기량의 향상이 스코어 업으로 이어지지 않는다고 …

하지만 샷이 나쁘니까 스코어가 안 나온다고 생각하는 건 잘못된 거야.

그것 자체는 잘못된 것이 아냐.

*카타야마 신고 : 일본의 프로 골프 선수

연습벌레였던 *카타야마 신고 선수조차도 아직까지 고민을 한다고 하니까.

왜냐면 스윙의 완성 이란 것 자체가 불가능한 일이기 때문이지.

예?

스윙 고민은 끝이란 것이 없어. 연습을 하면 할수록 어려워지는 것이 스윙이야.

그게 바로 스윙 이라는 거야.

하나를 배우면 다섯 개의 과제가 늘어난다.

이제는 실전이라며 나서면 어떻게 될까—

그런 사람이 필드에 나와서

스윙에 마음을 빼앗긴 사람은 늘 자신의 샷에 대한 불안감이 있는 사람이라는 것이지.

다른 견해로 이야기 하자면,

그렇게 치려고 하지.

어떻게 칠까를 고민한 뒤에—

우선 불안감이 전부 드러나…

아니?!

아윽!!

따익

골프 진짜 어렵네!!

왜 이렇게 제대로 못 치는 거야!

보고 있는 것은 자신의 스윙이라….

보고 있는 것은 목표가 아닌 자신의 스윙이니까.

목표를 향해 치려고 하면서

잘 안 될 거야.

스윙에 대한
고민이 많은
카타야마 선수가
8언더 64라는
완벽에 가까운
스코어를 낸 적이
있었지.

그건
각각의 샷을
완성시켰기 때문에
나온 결과가 아니야.

그렇지만
스코어는
거의
변하지
않았지.

물론
카타야마 선수는
일본에서
제일가는
스윙을 완성시킨
선수인 건 맞아.

….

그게 맞았다면
매번 비슷한
스코어를
기록했을 테니까.

음,
그럼 이번엔
토쿠야마 씨의
샷을 볼까.

토쿠야마 씨는
최근 들어
스코어가
눈에 띄게
올랐지.

….

하지만
그건 지금까지
해왔던 것 이상으로
샷 연습을
했기 때문이
아니야.

좋았어!

그

툭

나이스 온!

핀과 공의 코스에 대한 것만…

목표와 타구…

눈 앞에 있는 연못이 거슬리지도 않나 봐.

역시 토쿠마루 씨는 잘 친다 니까.

치기 전에 머릿속이 목표와 타구에 대한 것들로 가득 차 있으니까.

연못 같은 게 거슬릴 리가 없지.

필드에 나왔을 땐 스윙에 대해선 생각하지 않으려고 해요.

맞습니다.

스무스한 스윙을 할 수가 없게 되죠.

여러 가지 잡생각이 들게 되고

스윙의 세세한 부분까지 신경 쓰면 칠 수가 없으니까요.

저쪽으로 치겠다는 강한 의지…

저쪽으로 치겠다는 강한 의지.

스윙은 리듬이니까요. 그리고 기합….

어떤 그립으로 어떻게 휘두를까.

어디에 공을 두고

퍼팅을 칠 때도 마찬가지에요.

예를 들어

그것보다 '어디로 칠까'를 고민하는 것이 더 중요하잖아요?

이런 것들도 중요하긴 하지만

그렇지 않을 때는 안 들어가죠.

그 라인을 타서 공이 굴러가는 이미지가 선명해져요.

이런 라인으로 이렇게 치면 들어가겠다—고 생각한 다음 치면

저 컵에 넣기 위해선

딱

땅

들어갔을 때의 소리까지 이미지를 합니다.

그랬더니 스코어가 좋아졌습니다.

연습장에서도 코스에서도 그런 생각으로 플레이하고 있어요.

치는 방법 같은 건 잊고 목표를 정한 뒤 저기로 치겠다는 것만 생각하죠.

연습장에서도 마찬가지에요.

핀!

목표는

목표만을 노리고 친다.

스윙 같은 건 잊고…

더
가까이!!

가랏!!

나이스
온!!

이것이
스코어
메이크의
가장 중요한
포인트가
아닐까.

어떻게
칠까가 아니라
어디로
칠까구나….

사람의 신체는
이미지
트레이닝을
한 대로
움직이는 것
같다.

# 현명하게 공략하는 아이언 사용법 1

# 더프 방지법 **8**<sub>I</sub>

사용 클럽 **8번 아이언**

다운 스윙 시, 오른쪽 어깨가 처진 상태로 스윙을 하면 더프 한다. 어깨를 수평으로 움직이게끔 하지 않으면 안 된다. 그러기 위해선 자세가 매우 중요하다.

어깨가 수평으로 움직이게 되어 더프 하지 않는다.

등을 곧게 펴고 엉덩이를 뺀다

더프 하지 않는다

클럽을 짧게 쥐면

더프의 원인은 여러 가지가 있지만, 기본적으로 스윙 중에 어깨가 위아래로 움직이는 것이 원인이다. 몸을 쭉 펴고 등을 곧게 세워 자세를 잡으면 어깨는 수평으로 움직이게 되고 헤드도 수평 이동을 하게 된다. 이것이 근본적인 해결 방안이다. 코스에서 해결하기 위한 임시방편으로는 클럽을 짧게 쥐고 휘두르면 된다. 아주 간단하게 더프 하지 않게 된다.

포인트 더프는 클럽을 짧게 쥐는 것으로 고칠 수 있다!

# 현명하게 공략하는 아이언 사용법 2

# 탑핑 방지법 '8 I

**사용 클럽　8번 아이언**

탑핑은 헤드가 공에 제대로 맞지 않았을 때 발생한다. 그렇기에 임팩트 시에 왼 팔을 쭉 뻗어야 하는 것이다. 공을 지면에 짓누르겠다는 마음으로 치는 것이다.

원인 ❷
팔이 구부러진다

원인 ❶
고개가 들린다

## 공을 지면에 짓누르듯이!

## 임팩트 시 왼 팔을 뻗는다

 헤드가 공에 닿지 않는 것은, 샷을 치기 바로 직전에 양 팔이 구부려져 있어서일 때가 많다. 왼 팔을 쭉 펴서 쳐보자. 왼 팔로 공을 지면에 짓누르듯이 치는 것이다. 아이언 샷의 임팩트 시엔 지면에 싸움을 건다는 심정으로, 공을 헤드로 세게 때리는 것이다.

( 포인트 탑핑을 방지하기 위해선
임팩트 시에 왼 팔을 뻗어라! )

# 골프는 멘탈이다 공격적 골프

초판 1쇄 인쇄 2023년 10월 10일
초판 1쇄 발행 2023년 10월 15일

극화 : 이케우치 세이이치
번역 : 유다희

펴낸이 : 이동섭
편집 : 이민규
디자인 : 조세연
영업·마케팅 : 송정환, 조정훈
e-BOOK : 홍인표, 최정수, 서찬웅, 김은혜, 정희철
관리 : 이윤미

㈜에이케이커뮤니케이션즈
등록 1996년 7월 9일(제302-1996-00026호)
주소 : 04002 서울 마포구 동교로 17안길 28, 2층
TEL : 02-702-7963~5 FAX : 02-702-7988
http://www.amusementkorea.co.kr

ISBN 979-11-274-6575-9 13690

SHINSOBAN GOLF WA MENTAL SEME NO GOLF HEN 1
©Seiichi Ikeuchi 2016
First published in Japan in 2016 by NIHONBUNGEISHA Co., Ltd., Tokyo.
Korean translation rights arranged with NIHONBUNGEISHA Co., Ltd.